*Wissenschaftliche Abhandlungen und Reden
zur Philosophie, Politik und Geistesgeschichte*
III

Erich Becher
# Metaphysik und Naturwissenschaften

# Metaphysik und Naturwissenschaften

Eine

wissenschaftstheoretische Untersuchung

ihres

Verhältnisses

von

## Dr. Erich Becher

ord. Professor der Philosophie an der
Universität München

MÜNCHEN UND LEIPZIG / 1926
VERLAG VON DUNCKER & HUMBLOT

Alle Rechte vorbehalten

Altenburg, Thür.
Pierersche Hofbuchdruckerei
Stephan Geibel & Co.

Seinem hoch-
verehrten Lehrer und Freunde
## Adolf Dyroff
zum sechzigsten Geburtstage
gewidmet vom Verfasser

## Vorwort.

Die vorliegende Schrift, die aus einem Vortrage hervorgegangen ist, beschränkt sich auf das Wesentlichste und deutet manches nur kurz an. Bei ausführlicher Behandlung des Problems „Metaphysik und Naturwissenschaften" hätte ich Allzuvieles wiederholen müssen, was ich in anderen Veröffentlichungen eingehend dargelegt habe. In Fußnoten habe ich vielfach auf diese hingewiesen, die zur Ergänzung und weiteren Begründung des hier Dargebotenen herangezogen werden können. —

Die Abhandlung war für die „Synthesen in der Philosophie der Gegenwart, Festgabe Adolf Dyroff zum 60. Geburtstage dargebracht von Freunden und Schülern" (Bonn 1926) bestimmt, wurde aber zu spät druckfertig.

Erich Becher.

Seit den Anfängen der Philosophie im alten Griechenland stehen Metaphysik und Naturwissenschaft in engem Zusammenhang. Die Grenze zwischen ihnen erscheint vielfach fließend. Metaphysische Hypothesen, wie die Atomistik Leukipps und Demokrits, haben sich in naturwissenschaftliche Theorien umgewandelt, und umgekehrt haben sich auf naturwissenschaftlichem Boden gewachsene Lehren, wie der Darwinismus, manchmal zu metaphysischen Anschauungen ausgeweitet.

In der Zeit nach dem Verfall der spekulativen deutschen Metaphysik glaubte man vielfach, insbesondere in den Kreisen der Naturforscher, daß das alte Band zwischen Metaphysik und Naturwissenschaft endgültig zerschnitten, daß jene durch diese für immer überwunden und gänzlich vernichtet sei. Im Grunde aber blieb auch in jener Blütezeit des Materialismus der enge Zusammenhang von Metaphysik und Naturwissenschaft durchaus bestehen; ja ihre Verbindung gestaltete sich besonders eng, indem die materialistische Weltanschauung, die doch auch eine Metaphysik darstellt (obwohl sie dies damals nicht Wort haben wollte), gerade auf Ergebnissen der Naturwissenschaft aufgebaut und mit ihnen heillos vermengt wurde.

Die großen, von der Naturwissenschaft und Medizin herkommenden Philosophen aus der Zeit des deutschen Materialismus, Fechner und Lotze, haben ebenso wie v. Hartmann mit vollem Bedacht und mit besonderer Liebe die Beziehungen zwischen Metaphysik und Naturwissenschaft gepflegt. Hier und dort ist dann auch Naturforschern in den letzten Jahrzehnten wieder zum Bewußtsein gekommen, daß die weitgreifenden Gesetze und Theorien ihres Forschungsreiches, der Substanz- und der Energieerhaltungssatz sowie das Entropieprinzip, die Atomtheorie, die Abstammungs- und Urzeugungshypothese, die Darwinsche Zuchtwahllehre, der biologische Mechanismus und Vitalismus bis an die Grenzen der Metaphysik und bis in ihr Problemgebiet hineinreichen. Gerade die bedeutendsten Theorienbildungen der gegenwärtigen Naturwissenschaft, die Triumphe und der fortschreitende Ausbau der Atomistik, die Quantentheorie mit ihren Rätseln, die Relativitätstheorie mit ihren Paradoxien drängen metaphysische Fragen nach den letzten Bausteinen der Außenwelt, nach der Bedeutung unserer Naturgesetze, nach dem tiefsten Wesen und Verhältnis von Raum und Zeit auf. Und in den Wissenschaften von der lebenden Natur beunruhigen die alten, stets wieder in die Metaphysik hineinführenden Fragen nach dem Wesen und der Herkunft des Lebens, nach der Bedeutung der Fortpflanzung und des Todes, des Individuums, der Art und des natürlichen Systems, nach dem Zustandekommen der organischen Zweckmäßigkeit und des harmonischen Zusammenwirkens der Teile im Ganzen des Organismus den nach voller Klärung strebenden theoretischen Geist wiederum aufs stärkste, nachdem die Überzeugung, daß der Mechanismus im Verein mit dem Darwinismus alle jene Probleme zu lösen vermöge, viel von ihrer Kraft verloren hat.

Führen so innerhalb der Naturwissenschaft hochbedeutsame Ergebnisse und Probleme zu der Frage ihres Zusammenhanges mit der Metaphysik hin, so drängt andererseits die wachsende Sehnsucht nach Metaphysik gegenwärtig die Frage auf, was dieselbe von der Naturwissenschaft, dieser gewaltigen und gefürchteten Geistesmacht, zu erwarten habe, ob kraftvolle Hilfe oder gefährliche Feindschaft. Wer, von jener unausrottbar im menschlichen Geiste wurzelnden Sehnsucht ergriffen, trotz aller Rückschläge in der Geschichte der Metaphysik, aller positivistischen und kritizistischen Grenzschranken in ihr Gebiet einzudringen versucht, hat allen Anlaß zu prüfen, ob nicht die metaphysisches Grenzland erreichenden Eroberungen der Naturforschung geeignete Ausgangspunkte für Expeditionen in die unwegsamen und gefährlichen Regionen der Metaphysik darbieten. Denn wenn man das Wagnis metaphysischer Forschungen unternehmen will, so kann man zwar zunächst zwischen verschiedenen Eingangspforten in das schwierige Untersuchungsgebiet wählen; man muß aber damit rechnen, daß hinter diesen Pforten alsbald sich auftürmende Hindernisse Weg und Ausblick versperren, und darum wird man bestrebt sein müssen, von möglichst vielen Seiten und somit auch von den naturwissenschaftlichen Grenzgebieten aus in das Reich der Metaphysik einzudringen, um möglichst viel von ihm unserem Erkennen zu erschließen.

Wir werden also von der metaphysischen wie von der naturwissenschaftlichen Seite aus zu der Frage nach dem Verhältnis der beiden Forschungsreiche geführt. Im knappen Rahmen unserer Abhandlung kann diese Frage nicht in ihrer ganzen Spannweite behandelt werden; wir beschränken uns im wesentlichen darauf, sie vom Gesichtspunkte der Wissenschaftslehre aus zu beleuchten.

Zur Erfassung von Verhältnissen gelangen wir durch vergleichende Betrachtung der Beziehungsträger. Im vorliegenden Falle hätten wir also die Metaphysik und die Naturwissenschaften vergleichend zu betrachten. Zu diesem Zwecke ist zunächst ihr Wesen zu bestimmen.

Das Wesen einer Wissenschaft wird in erster Linie durch ihre Aufgabe, ihr Ziel bestimmt, das stets in der Erkenntnis eines bestimmten Gegenstandes oder einer Gruppe von sachlich zusammengehörigen Gegenständen besteht. Die Forschungsziele, die Gegenstände der Wissenschaften sind maßgebend für die Forschungswege, die Methoden, die zur Erkenntnis dieser Gegenstände führen können; so werden auch diese Methoden bei der vergleichenden Charakterisierung der Wissenschaften wohl zu beachten sein. Die Forschungswege aber sind wie von ihren Zielen, den zu erkennenden Gegenständen, so andererseits auch von ihren Ausgangspunkten bedingt, von den letzten Erkenntnisgrundlagen, auf die sich die Erkenntnismethoden und ihre Ergebnisse stützen. Eine Bestimmung des Wesens und eine vergleichende Betrachtung der verschiedenen Wissenschaften hat demnach deren Gegenstände, Methoden und Erkenntnisgrundlagen festzustellen; damit sind dann die Ziele, Wege und Ausgangspunkte der Wissenschaften bestimmt. Die logischen Ausgangspunkte, Wege und Ziele aber bestimmen im Verein das Ganze einer Wissenschaft, die ihr zugehörigen Fragen, die einschlägigen Untersuchungen und Begründungen, die Problemlösungen und Forschungsergebnisse [1].

---

[1] Vgl. E. Becher, Geisteswissenschaften und Naturwissenschaften. Untersuchungen zur Theorie und Einteilung der Realwissenschaften. München und Leipzig 1921. S. 47, 76, 83 usw.

Wir stehen also vor der Aufgabe, die Gegenstände, Methoden und Erkenntnisgrundlagen der Naturwissenschaften und der Metaphysik festzulegen und zu vergleichen. Da die Feststellung der fundamentalen Forschungsmethoden sofort auf die der zugehörigen Erkenntnisgrundlagen führt, werden wir diese zugleich mit den Methoden betrachten.

\* \* \*

Die Erkenntnisgegenstände der Naturwissenschaften sind die Naturobjekte, die realen körperlichen Gegenstände. Dabei verstehen wir unter Gegenständen nicht nur Dinge, sondern auch Eigenschaften, Vorgänge und Beziehungen. In der Tat zielen alle Disziplinen, die allgemein als Naturwissenschaften anerkannt sind, auf die Erkenntnis körperlicher Dinge, Eigenschaften, Vorgänge oder Beziehungen.

Im Anschluß an Kantische Gedankengänge hat man neuerdings die Naturwissenschaften nicht mit den Wissenschaften von körperlichen Gegenständen, sondern mit den auf die Feststellung von Allgemeinem und Gesetzmäßigem zielenden Disziplinen identifiziert [1]. Wir können dem nicht zustimmen; es geht nicht an, die Psychologie, die Soziologie, die Volkswirtschaftstheorie als Naturwissenschaften zu bezeichnen, weil sie auf die Feststellung von Allgemeinem und Gesetzmäßigem zielen, die physische Geographie, die Selenographie und andere Teildisziplinen der Astronomie aber aus dem Reiche der Naturwissenschaften auszuschließen, weil sie sich weit mehr mit der Erforschung von Einzeltatsachen als mit der Feststellung von Allgemeinem und Gesetzmäßigem befassen [2].

Eine jede Naturwissenschaft nun, mag sie auf die Erkenntnis

---

[1] W. Windelband, Geschichte und Naturwissenschaft. Straßburger Rektoratsrede 1894. Abgedruckt in: Präludien II. 7. und 8. Aufl. 1921; H. Rickert, Kulturwissenschaft und Naturwissenschaft. 4. und 5. Aufl. Tübingen 1921. Ders., Die Grenzen der naturwissenschaftlichen Begriffsbildung. 3. und 4. Aufl. Tübingen 1921.

[2] Vgl. E. Becher, Naturphilosophie. U. Redakt. v. C. Stumpf. Leipzig und Berlin 1914. S. 16ff. Ders., Geisteswissenschaften und Naturwissenschaften. S. 125ff. (daselbst weitere einschlägige Literaturangaben); cf. ferner Rickerts Stellungnahme zu den angedeuteten Diskrepanzen in seinen soeben angeführten Werken.

von Einzeltatsachen oder von Allgemeinem und Gesetzmäßigem zielen, erforscht immer nur bestimmte Teile oder Seiten der körperlichen Wirklichkeit, nicht aber das Ganze der Körperwelt und erst recht nicht das Gesamtwirkliche. Daß z. B. Geologie, Mineralogie, Botanik und Zoologie nur Teile oder Teilgebiete der Körperwelt behandeln, liegt auf der Hand. Aber auch die Physik, deren Gesetze alle Regionen des Weltalls zu beherrschen scheinen, will doch nur gewisse allgemeine Seiten oder Züge der körperlichen Wirklichkeit erkennen, nämlich diejenigen, die man eben als physikalische Eigenschaften, Vorgänge und Beziehungen zu bezeichnen und von anderen, z. B. von den chemischen, zu unterscheiden pflegt. Wir nennen nun Wissenschaften, die nur gewisse Teile oder Seiten der Wirklichkeit erforschen, ohne sich um das Gesamtwirkliche zu bekümmern, „Teilwirklichkeitswissenschaften", „Partialrealwissenschaften" oder auch „Einzelrealwissenschaften". **Die Naturwissenschaften sind demnach Partialrealwissenschaften von körperlichen Gegenständen.** Damit sind sie in gegenständlicher Hinsicht bestimmt.

Den **Gegenstand der Metaphysik** hingegen bildet das Gesamtwirkliche. Sie erstrebt Weltauffassung [1], Erkenntnis des Aufbaues und Zusammenhanges der gesamten Wirklichkeit, ihres Wesenskernes und Urgrundes, ihres Entwicklungsganges und Zieles, ihres Wertes oder Sinnes [2].

Die Metaphysik als „Totalrealwissenschaft", als Wissenschaft vom Gesamtwirklichen [3], ist keineswegs eine bloße Zusammenfassung der Erkenntnisse der Partialrealwissenschaften, der Geistes- und Naturwissenschaften, welche die Teilgebiete der Wirklichkeit erforschen [4]. Bei der Erforschung des Gesamtwirklichen stoßen

---

[1] Vgl. z. B. B. Erdmann, Zur Gliederung der Wissenschaften. Vierteljahrsschrift f. wiss. Philos. 11 (1878), S. 99.
[2] Vgl. z. B. J. Volkelt, Gewißheit und Wahrheit. München 1918. S. 55.
[3] Driesch bezeichnet die Metaphysik nicht unpassend kurzweg als „Wirklichkeitslehre"; H. Driesch, Wirklichkeitslehre. Ein metaphysischer Versuch. 2. Aufl. Leipzig 1922. S. III, 11 usw.
[4] E. Becher, Geisteswissenschaften und Naturwissenschaften. S. 319. Ders., Erkenntnistheorie und Metaphysik. II, I, 1 in: Lehrbuch der Philosophie. Die Philosophie in ihren Einzelgebieten. Hrsg. v. M. Dessoir. Berlin o. J. (1925). Ders., Einführung in die Philosophie. München und Leipzig 1926. S. 160 f.

wir nämlich auf Probleme, denen wir nicht begegnen, solange wir nur Teilgebiete der Wirklichkeit ins Auge fassen, wie die Partialrealwissenschaften es tun. Man denke nur an die großen Fragen nach der Herkunft, der Entwicklung und dem Ziele der Gesamtwirklichkeit, nach ihrem Wesen, ihrem Wert oder Sinn, nach der Rolle der Materie, des Lebens, des Seelischen, des Menschen, der Geschichte, der Kultur, der Sittlichkeit im Wirklichkeitsganzen. Die auf Teilgebiete desselben sich beschränkenden Partialrealwissenschaften, die Naturwissenschaften, die Psychologie, die Geschichtswissenschaft usw., können solche das Gesamtwirkliche betreffenden, gewiß sinnvollen, wenn auch vielleicht ungeheuer schwierigen Fragen nicht lösen, weil diese weit über ihre Arbeitsgebiete hinausgreifen. Somit fallen diese Probleme der Metaphysik, der Wissenschaft vom Gesamtwirklichen, als ihr eigentümliche, gewaltige Aufgaben zu. Es wäre ferner möglich, daß die metaphysische, auf das Gesamtwirkliche gerichtete Betrachtung Wirklichkeitsbestandteile, z. B. Atomseelen oder eine Gottheit, fände, die von keiner der Partialrealwissenschaften erforscht werden.

Zur Erkenntnis des Wirklichkeitsganzen gehört auch eine Erfassung der Wirklichkeitsbestandteile in ihrem Verhältnis zu diesem Ganzen. Während die Partialrealwissenschaften, z. B. die Naturwissenschaften, die Wirklichkeitsbestandteile für sich, abgesehen vom Gesamtwirklichen, erforschen, betrachtet die Metaphysik diese Bestandteile, z. B. die Natur, das Seelische, die Geschichte, gerade im Hinblick auf das Ganze. Aus dieser metaphysischen Betrachtungsweise von Wirklichkeitsbestandteilen erwachsen **metaphysische Sonderwissenschaften**, wie die **Metaphysik der Natur**, die **Metaphysik des Seelischen**, die **Geschichtsmetaphysik**.

**Die Metaphysik erforscht demnach das Gesamtwirkliche sowie dessen Teile und Seiten in ihrem Verhältnis zum Gesamtwirklichen.**

Aus der gegenständlichen Charakterisierung der Naturwissenschaften, überhaupt der Partialrealwissenschaften auf der einen Seite und der Metaphysik und ihrer Sonderwissenschaften auf der anderen ergeben sich nun sogleich wesentliche Feststellungen über ihre Beziehungen. **Die Metaphysik ist zwar keine bloße**

Zusammenfassung der Partialrealwissenschaften oder ihrer wichtigsten Ergebnisse; aber sie berührt sich doch vielfach mit diesen Wissenschaften, da sie ja, wie diese, Teile und Seiten der Wirklichkeit betrachtet, wenn sie auch im Unterschied von den Partialrealwissenschaften dabei stets das Verhältnis dieser Teile und Seiten zum Wirklichkeitsganzen im Auge hat. So werden sich z. B. naturwissenschaftliche Biologie und Metaphysik der lebenden Natur berühren, ohne sich zu decken: Jene betrachtet das organische Leben für sich in der Vielheit seiner Formen und Funktionen; die Metaphysik der lebenden Natur betrachtet ebenfalls das organische Leben, aber in seinem Zusammenhange mit und in seiner Bedeutung für das Gesamtwirkliche. Dabei taucht sogleich die Frage auf, wie organisches Leben und Seele zusammenhängen [1], oder die andere, ob das Leben und seine Entfaltung im Gesamtwirklichen einen Wert oder Sinn haben.

Weiterhin ergibt unsere Feststellung der Gegenstände der Metaphysik und der Partialrealwissenschaften, daß sich die Metaphysik mit diesen, etwa mit den Naturwissenschaften, nicht nur berühren wird, sondern daß sie sich wohl auch auf deren Ergebnisse wird stützen können. Die Partialrealwissenschaften bieten uns eine Fülle von Erkenntnissen über Bestandteile und Seiten des Gesamtwirklichen; auf diese Erkenntnisse wird sich der Metaphysiker stützen können, wenn er diese Bestandteile und Seiten nicht mehr für sich, sondern in ihren Beziehungen zum Gesamtwirklichen, in ihrer Bedeutung für dieses betrachtet, und wenn er das Gesamtwirkliche selbst erforschen will. Die Naturwissenschaften lehren uns z. B., daß die höher stehenden Organismen, einschließlich des Menschen, sich aus niederen, zuletzt aus ganz einfachen Lebewesen entwickelt haben. Auf diese wohlbegründete Hypothese kann sich nun die Metaphysik stützen, wenn sie die Frage zu lösen

---

[1] Vgl. E. Becher, Leben und Seele. Deutsche Rundschau 39. 1912. Ders., Leben und Beseelung. Verh. deutsch. Naturf. u. Ärzte zu Münster 1912. Leipzig 1913 (kürzere Fassung von „Leben und Seele"). Ders., Die Führerrolle des Seelischen im Großhirn. Ann. d. Philos. 3, 1922. Ders., Gehirn und Seele. Heidelberg 1911. S. 376 ff. Ders., Naturphilosophie. S. 403 ff. Ders., Die fremddienliche Zweckmäßigkeit der Pflanzengallen und die Hypothese eines überindividuellen Seelischen. Leipzig 1917. S. 104 ff. Ders., Einführung in die Philosophie. S. 245 ff.

versucht, welche Rolle das organische Leben und der Mensch im Gesamtwirklichen spielen. Die Naturwissenschaften haben erkannt, daß alle Materie, also ein sehr erheblicher Bestandteil des Wirklichkeitsganzen, aus einer Unzahl von elektrischen Urbausteinen aufgebaut ist. Dies kann also der Metaphysiker aus der Physik entnehmen, wenn er die Frage nach den Urbausteinen der Gesamtwirklichkeit zu lösen versucht. Dabei ist natürlich nicht ausgeschlossen, daß die Urbausteine der Materie in neuer, der Naturwissenschaft fremder Beleuchtung erscheinen, wenn sie in der Metaphysik unter dem Gesichtspunkte des Wirklichkeitsganzen betrachtet werden.

Die Geschichte der Philosophie zeigt in der Tat, daß Metaphysik und Partialrealwissenschaften, insbesondere Metaphysik und Naturwissenschaften, fast stets in enger Berührung standen, und daß sich die Metaphysik sehr häufig auf naturwissenschaftliche Ergebnisse und Hypothesen gestützt hat. In der griechischen Philosophie waren ursprünglich Metaphysik und Naturwissenschaft ganz ungeschieden, und die Sonderung der beiden Gebiete hat sich in der Entwicklung der Wissenschaft nur langsam vollzogen. Auch heute noch stützt sich z. B. die materialistisch-monistische wie die vitalistisch-dualistische Metaphysik auf naturwissenschaftliche Tatsachen und Hypothesen.

Manchmal sind auch partialrealwissenschaftliche Lehren aus metaphysischen Überzeugungen herausgewachsen. Die naturwissenschaftliche Atomistik der Gegenwart geht auf die metaphysische Atomistik Leukipps und Demokrits, die moderne naturwissenschaftliche Entwicklungslehre geht ebenfalls auf altgriechische Naturmetaphysik zurück. Ferner haben in der Neuzeit, noch im vorigen Jahrhundert, metaphysische Überzeugungen bei der Auffindung des Grundsatzes von der Erhaltung der Energie eine erhebliche Rolle gespielt.

Auch diese Entwicklung partialrealwissenschaftlicher, insbesondere naturwissenschaftlicher Lehren aus metaphysischen Überzeugungen wird durch Vergleichung der Gegenstände von Metaphysik und Partialrealwissenschaften ohne weiteres verständlich. Die Metaphysik bietet Ansichten über Wirklichkeitsbestandteile, z. B. über die Materie und ihre Bausteine und über die Entwicklung der Organismen, Ansichten, die sich vom Standpunkt der Gesamtwirklichkeitsbetrachtung aus ergeben. Sofern nun Partialrealwissenschaften, insbesondere Naturwissenschaften, dieselben Wirklichkeitsbestandteile, also etwa die Materie oder die Organismenwelt, ins Auge fassen, liegt es für sie außerordentlich nahe, die einschlägigen Ansichten der Metaphysiker aufzugreifen und sie vom partialrealwissenschaftlichen Standpunkte aus, auf dem man Wirklichkeitsteile oder -seiten ohne Hinblick aufs Wirklichkeitsganze erforscht, zu prüfen und zu verfeinern. Verbessert und verfeinert können solche Ansichten dann wieder von der Metaphysik übernommen und im Sinne der Gesamtwirklichkeitsbetrachtung ausgedeutet oder erweitert werden. So sehen wir ja, wie z. B. die Atomistik und die Entwicklungslehre aus der Metaphysik in die Naturwissenschaft übergewandert, dort sorgfältig begründet und verfeinert, und dann wieder von der Metaphysik übernommen, ausgedeutet und ausgeweitet worden sind.

Insbesondere werden partialrealwissenschaftliche Ergebnisse, welche auf die *ganze* Natur anwendbar sind, an die Grenzen der Metaphysik heranführen und von dieser übernommen und verwertet werden können; denn die Gesamtnatur stellt neben der seelisch-geistigen Welt sozusagen die Hälfte der Gesamtwirklichkeit dar, und was für diese Hälfte gilt, ist für das Wirklichkeitsganze und damit für die Metaphysik nicht leicht unwesentlich. Auf die ganze Natur sind wohl die Prinzipien der Stoff- und der Energieerhaltung sowie die Atomistik anwendbar, vielleicht auch das Entropie- oder Energieentwertungs-Gesetz; tatsächlich tragen diese naturwissenschaftlichen Lehren schon halb metaphysischen Charakter, und die Metaphysik hat sie vielfach herangezogen. So ist aus dem Entropieprinzip die metaphysische Konsequenz gezogen worden, daß die Welt einem eigentümlichen Ruhezustande, dem sogenannten Wärmetode, zustrebe. (Zwingend ist diese Konsequenz allerdings nicht [1].)

Gegen unsere gegenständliche Bestimmung der Metaphysik und gegen die aus dieser gezogenen Folgerungen wird vielleicht

---
[1] E. Becher, Weltgebäude, Weltgesetze, Weltentwicklung. Ein Bild der unbelebten Natur. Berlin 1915. S. 263ff.

der Einwand erhoben, die Metaphysik habe nicht das Gesamtwirkliche zu erforschen, auch nicht etwa die Natur im Hinblick auf das Wirklichkeitsganze zu betrachten; sie habe vielmehr ein von den Naturwissenschaften scharf abgegrenztes Gegenstandsgebiet, nämlich das der jenseits unserer Erfahrung liegenden Realgegenstände, zu bearbeiten, dem Gott und die Seelen der Verstorbenen angehören.

Darauf wäre zu erwidern, daß auch die Naturwissenschaften Gegenstände erforschen, die, wie z. B. die Atome und Elektronen, unserer Erfahrung unzugänglich sind. Und andererseits ist strittig, ob Gott niemals in menschlicher Erfahrung gegeben ist. Sicherlich wird aber die Metaphysik die jenseits der Erfahrung liegenden Gegenstände in ihrem Zusammenhang mit den in der Erfahrung liegenden erforschen müssen; sie wird z. B. zu untersuchen haben, ob und wie die erfahrungstranszendenten Objekte auf die erfahrungsimmanenten wirken, und umgekehrt, ob und wie diese auf jene wirken; sie wird fragen müssen, welche Rolle das der Erfahrung Zugängliche neben dem der Erfahrung Unzugänglichen im Wirklichkeitsganzen spielt. So läuft die Aufgabe der Metaphysik doch auf die Erforschung des Gesamtwirklichen, des Zusammenhanges von Erfahrungstranszendentem und Erfahrungsimmanentem, hinaus; auch dieses wird in seiner Beziehung zum Erfahrungstranszendenten und zum Gesamtwirklichen in der Metaphysik zu betrachten sein.

Man darf auch nicht Metaphysik und Naturwissenschaften in Gegensatz bringen, indem man jener die Welt der Dinge-an-sich als Forschungsgegenstand zuweist [1], das naturwissenschaftliche Erkennen aber auf unsere Erscheinungswelt einschränkt. Der Metaphysiker hat auch zu untersuchen, welche Rolle die Erscheinungswelt im Gesamtwirklichen spielt. Und wir vertreten ferner die kritisch-realistische Auffassung, daß die Naturwissenschaft über die sinnliche Erscheinungswelt hinaus zur Erkenntnis von Gegenständen an sich vordringt, das heißt von Objekten, die zwar unter geeigneten Umständen in unserer Erscheinungswelt,

---

[1] Vgl. z. B. W. Koppelmann, Untersuchungen zur Logik der Gegenwart. I. Lehre vom Denken und Erkennen. Berlin 1913. S. 198 Anm., S. 217. Ders., Weltanschauungsfragen. Berlin 1920. S. 29.

in unseren Wahrnehmungsbildern, sich kundtun, aber unabhängig von unserem Wahrnehmen und Denken existieren.

Es ist unmöglich, im Rahmen dieser Abhandlung alle Gründe darzulegen, die dafür sprechen, daß die Naturwissenschaften solche Gegenstände-an-sich zu erkennen vermögen [1]. Aber wir können hier doch darauf hinweisen, daß unsere Sinneswahrnehmungen immerfort so auftreten, als ob die Objekte der Außenwelt so, wie sie von den Naturwissenschaften bestimmt werden, als Gegenstände-an-sich existierten und unsere Wahrnehmungsbilder hervorriefen. Da ist es doch die am nächsten liegende Annahme, daß tatsächlich die Außenweltsobjekte so oder doch angenähert so, wie sie von den Naturwissenschaften bestimmt werden, als Gegenstände-an-sich existieren. Keine andere Annahme, keine erkenntnistheoretisch-idealistische oder phänomenalistische Hypothese vermag zu erklären, warum unsere Sinneswahrnehmungsbilder gerade so auftreten, als ob die Außenweltsgegenstände so, wie sie von der Physik, Chemie usw. bestimmt werden, an sich, das heißt unabhängig von unserem Wahrnehmen und Denken, existierten. Wenn der Verstand, wenn das (individuelle oder überindividuelle) Ich die sinnliche Erscheinungswelt aufbaut oder erschafft, wie Kant und idealistische Erkenntnistheoretiker meinen, warum werden die Erscheinungen, die Wahrnehmungsbilder, dann gerade so hervorgezaubert, als ob die Gegenstandswelt der Naturwissenschaft als von unserem Wahrnehmen und Denken unabhängige Wirklichkeit hinter den Wahrnehmungsbildern stände und sie hervorriefe? Warum produziert der Kantsche Verstand oder das Fichtesche Ich gerade diese das An-sich-Existieren der naturwissenschaftlichen Gegenstandswelt so raffiniert vortäuschende Erscheinungswelt und nicht irgendein anderes, minder trügerisches Spiel der Erscheinungen? Auch dieses könnte ja nach irgendwelchen Kategorien oder Aufbauprinzipien vom Verstande gesetzmäßig konstruiert sein; es könnte auch im Sinne Fichtes als Material zur Pflichterfüllung dienen.

Wenn wir annehmen, daß z. B. die Gestirne und ihre Be-

---

[1] Zur Ergänzung des Folgenden vgl. E. Becher, Philosophische Voraussetzungen der exakten Naturwissenschaften. Leipzig 1907. S. 36 ff. Ders., Naturphilosophie. S. 173 ff. Ders., Erkenntnistheorie und Metaphysik. I, IV, 5—8. Ders., Einführung in die Philosophie. S. 137 ff.

wegungen, so wie sie von den Astronomen bestimmt wurden, „an sich", das heißt unabhängig von unserem Wahrnehmen und Denken, existieren, so verstehen wir, warum wir und auch z. B. Kinder sie heute oder nach zehn Jahren an den von den Astronomen berechneten Stellen in den errechneten Größen und mit den errechneten Lichtstärken wahrnehmen können, falls nur geeignete Wahrnehmungsbedingungen vorliegen, z. B. keine Wolken den Ausblick versperren. Wie aber soll man dies verstehen, wenn die Gestirne wie alle Objekte der Naturwissenschaften nicht an sich existieren, sondern vom Verstande oder vom Ich produzierte Erscheinungen sind? Warum produziert z. B. der Verstand oder das Ich die Erscheinung des Mondes im Bewußtsein unwissender Kinder an der richtigen Stelle des gestirnten Himmels, genau dort, wo sie nach den Berechnungen der Astronomen auftreten muß? Fürwahr, dieser Verstand oder dieses Ich muß selbst ein großer Astronom sein, um die Erscheinung des Mondes in den Bewußtseinen der Kinder stets gerade an der Stelle des Firmaments hervorzubringen, an der sie nach astronomischer Rechnung sich darbieten muß. Der gewöhnliche, individuelle Verstand der Kinder oder ihr individuelles Ich kann diese Leistung nicht zustande bringen; dieser Kinderverstand, dieses Kinder-Ich weiß ja gar nicht, an welcher Stelle des Himmels der Mond zu bestimmter Stunde sichtbar werden muß. Das Verstandesvermögen oder das Ich, welches das Phänomen des Mondes und alle Naturerscheinungen jederzeit in den Bewußtseinen der Kinder und Erwachsenen so auftreten läßt, wie es die astronomischen Berechnungen und die Natur- und Wahrnehmungsgesetze fordern, muß ein übermenschlich hoher Verstand, ein das individuelle Ich weit überragendes, etwa ein göttliches Ich sein. Mit der Annahme eines solchen geht dann aber der erkenntnistheoretische Idealismus in eine theistische Metaphysik über, wie wir dies am deutlichsten bei Berkeley sehen.

Es ist nun jedoch nicht zu verstehen, warum dieser übermenschliche Verstand oder dieses göttliche Ich die Erscheinungen des Mondes und aller Naturobjekte gerade so produziert, als würden sie von einem Monde und von Naturobjekten hervorgerufen, die so, wie sie von der Naturforschung bestimmt werden, an sich existierten. Man gewinnt den Eindruck, daß dieser übermenschliche Verstand oder dieses göttliche Ich mit ungeheurem Scharfsinn durch die Gestaltung der Erscheinungen den Menschen eine Welt von Gegenständen-an-sich vortäuscht.

Demnach dünkt uns die Kantsche bzw. Fichtesche Hypothese, daß der Verstand oder das Ich die Erscheinungswelt produziere, wenig befriedigend; der Ablauf dieser Erscheinungswelt, das Kommen und Gehen der Wahrnehmungsbilder bleiben dabei im einzelnen völlig unerklärt. Erklärlich aber wird alles dies bis ins einzelne, wenn wir annehmen, daß die von den Naturwissenschaften bestimmten Objekte als Gegenstände-an-sich, das heißt unabhängig von unserem Wahrnehmen und Denken, existieren und die Wahrnehmungsbilder, die Erscheinungswelt, in unserem Bewußtsein hervorrufen. Darum stellt die Annahme, daß die von den Naturwissenschaften bestimmten Objekte, z. B. die Atome und Elektronen, Gegenstände-an-sich darstellen, daß also die Naturwissenschaften Dinge-an-sich zu erkennen vermögen, eine unvergleichlich leistungsfähigere Hypothese dar als die Kant-Fichtesche Lehre von der Produktion der Erscheinungswelt durch den Verstand oder das Ich. Die Annahme, daß die von der Naturforschung bestimmten Objekte als Gegenstände-an-sich existieren und in uns die Wahrnehmungsbilder hervorrufen, ist in der Tat die einzige Hypothese, die das Auftreten der Wahrnehmungsbilder bis ins einzelne zu erklären vermag. Schon darum erscheint uns diese Hypothese äußerst wahrscheinlich. Andere starke Gründe, die für sie sprechen, müssen, wie gesagt, in dieser kurzen Schrift unberücksichtigt bleiben.

Wir halten also daran fest, daß die Naturwissenschaften Gegenstände-an-sich zu erkennen vermögen. Demnach sind wir nicht berechtigt, die Naturwissenschaften als Wissenschaften von Erscheinungen der Metaphysik als der Wissenschaft von den Gegenständen-an-sich gegenüberzustellen und so eine tiefe Kluft zwischen den beiden Forschungsreichen aufzureißen. Es bleibt vielmehr bei den innigen Beziehungen, die wir oben zwischen Naturwissenschaften und Metaphysik feststellten.

Allerdings dürfen wir nicht Außerweltsdingen-an-sich ohne weiteres alle jene Eigenschaften beilegen, welche von irgendeiner Naturwissenschaft diesen oder jenen Dingen zugesprochen werden. Wenn der Chemiker z. B. das Kupfervitriol als blau oder den

Traubenzucker als süß bezeichnet, so dürfen wir nicht meinen, daß Kupfervitriol an sich, das heißt unabhängig von unserer Wahrnehmung die Empfindungsqualität Blau und Traubenzucker an sich die Empfindungsqualität Süß besitze. Wir dürfen nur annehmen, daß Kupfervitriol die Fähigkeit hat, in uns bei normaler Beleuchtung Blauempfindungen hervorzurufen, und daß Traubenzucker die Fähigkeit hat, in uns Süßempfindungen hervorzurufen [1]. Das meint ja auch der Chemiker eigentlich, wenn er das Kupfervitriol blau und den Zucker süß nennt.

Wir gehen aber noch weiter und meinen, daß wir den Außenweltsobjekten-an-sich auch nicht räumliche Eigenschaften von der Art zuschreiben dürfen, die uns aus der Sinneswahrnehmung bekannt ist. Zwar müssen den „phänomenalen" räumlichen Eigenschaften, welche die Gegenstände in unseren Sinneswahrnehmungsbildern aufweisen, ganz bestimmte Eigenschaften der Außenweltsgegenstände-an-sich zugrunde liegen; aber diese „außenweltsräumlichen" Eigenschaften (wie wir kurz sagen wollen) mögen von den „phänomenalen räumlichen" recht verschieden sein. Die „Außenweltsräumlichkeit" der Welt der Gegenstände-an-sich muß die phänomenale Räumlichkeit" der Erscheinungen hervorrufen und dieser daher in irgendeiner Weise entsprechen, braucht jedoch im übrigen mit ihr nicht gleichartig zu sein [2].

Bleibt dann aber von der naturwissenschaftlichen Erkenntnis der Außenweltsgegenstände-an-sich überhaupt noch etwas übrig? Uns scheint, daß gerade das Wesentliche übrigbleibt und wir keineswegs aus dem kritischen Realismus in den Phänomenalismus abgleiten[3]. Wenn z. B. die Physik und Chemie lehren, daß ein kleiner Diamant aus einer bestimmten, sehr großen Anzahl von regelmäßig geordneten, gleichartigen Teilchen („Atomen") besteht, und daß Teilchen von der gleichen Art auch die Kohle aufbauen und im Kohlensäuregas enthalten sind, so gilt diese Erkenntnis nicht von der Erscheinung des Diamants, der Kohle und der Kohlensäure,

---

[1] Vgl. E. Becher, Naturphilosophie. S. 176f. Ders., Erkenntnistheorie u. Metaphysik. I, IV, 2 u. 6. Ders., Einführung in die Philosophie. S. 127, 142 ff.

[2] E. Becher, Naturphilosophie. S. 177f. Ders., Erkenntnistheorie und Metaphysik. I, IV, 7. Ders., Einführung in die Philosophie. S. 144 ff.

[3] E. Becher, Erkenntnistheorie und Metaphysik. I, IV, 7 und 8. Einführung in die Philosophie. S. 147.

sondern vom Diamant-an-sich, der Kohle-an-sich und der Kohlensäure-an-sich. Denn nur wenn man annimmt, daß die Außenweltsdinge-an-sich aus Molekülen, Atomen, elektrischen Urteilchen aufgebaut sind, kann man die physikalischen und chemischen Erscheinungen, also das Auftreten bestimmter Wahrnehmungsbilder unter bestimmten Bedingungen erklären. Und wenn die Physik im Entropieprinzip lehrt, daß das Naturgeschehen eine bestimmte Richtung aufweist, so wird auch dies von der Außenwelt-an-sich gelten müssen.

Die Lehre aber, daß das Geschehen in der Außenwelt-an-sich eine bestimmte Richtung beibehält, und die andere Lehre, daß die ganze Außenwelt-an-sich aus zahllosen Teilchen, den Molekülen-an-sich, Atomen-an-sich usw., aufgebaut ist, sind natürlich für die Metaphysik nicht belanglos. Diese naturwissenschaftlichen Erkenntnisse über die Außenwelt-an-sich bieten eben bemerkenswerte Beiträge für eine Erkenntnis des Gesamtwirklichen.

Übrigens schließt unsere kritisch-realistische Auffassung, daß die Naturwissenschaften Gegenstände-an-sich zu erkennen vermögen, keineswegs aus, daß alle diese Naturgegenstände-an-sich, die Moleküle-an-sich, Atome-an-sich, Elektronen-an-sich usw., ihrem inneren Wesen nach seelische Realitäten sind, wie das die Metaphysiker von den Außenweltsdingen-an-sich oftmals angenommen haben. Die Naturwissenschaften bestimmen nur Beziehungen, wie räumliche, zeitliche, Zahl- und Kausalverhältnisse in der Außenwelt-an-sich; das innere Wesen der Naturgegenstände-an-sich bleibt dem Naturforscher, der diese aus ihren Wirkungen, zuletzt aus den Sinneswahrnehmungsbildern bestimmt, gänzlich unbekannt [1]. Der Metaphysik bleibt also die Aufgabe, das innere Wesen der Außenwelt-an-sich, dieses großen Bestandteiles der Gesamtwirklichkeit, zu erkennen.

Die Naturwissenschaften und der kritische Realismus lassen ferner die Möglichkeit offen, daß die ganze Außenwelt-an-sich innerhalb eines übermenschlichen Geistes existiert, daß alle Moleküle-an-sich, Atome-an-sich usw. Inhalte eines solchen Allgeistes sind. Wir haben zunächst nur zu fordern, daß die von der Natur-

---

[1] E. Becher, Naturphilosophie. S. 183, 190. Ders., Erkenntnistheorie und Metaphysik. I, IV, 8. Ders., Einführung in die Philosophie. S. 151, 153.

forschung bestimmten Objekte unabhängig von unserem Wahrnehmen und Denken, außerhalb unseres Bewußtseins, Dasein haben; im übrigen mag die Metaphysik festzustellen versuchen, in welcher Weise die Natur-an-sich existiert.

\* \* \*

Die Metaphysik ist also vor große, ihr eigentümliche Probleme gestellt, wenn wir das Gesamtwirkliche als ihren eigentlichen Erkenntnisgegenstand betrachten und ihr die Aufgabe zuweisen, das Wirklichkeitsganze und Wirklichkeitskomponenten im Hinblick auf dieses zu erforschen. Sie wird sich dann mit den Naturwissenschaften wie mit anderen Einzelrealwissenschaften vielfach berühren und sich hier und dort auf deren Ergebnisse stützen können, aber auch der Naturforschung Anregungen zu bieten vermögen.

Dabei ist freilich vorausgesetzt, daß die Metaphysik die ihr zugewiesene große Aufgabe erfolgreich bearbeiten kann, daß ihr geeignete Mittel und Wege, eine oder mehrere **Methoden**, zur Lösung ihrer Probleme zur Verfügung stehen. Das mag zunächst sehr zweifelhaft erscheinen, wenn man den unaufhörlichen Wechsel der metaphysischen Systeme in der Geschichte der Philosophie und all die Widersprüche zwischen ihnen ins Auge faßt.

Wir haben also nach der oder den erfolgversprechenden Methoden der Metaphysik zu fragen und diese mit der Methode der Naturwissenschaften zu vergleichen, um weitere Aufschlüsse über das Verhältnis von Metaphysik und Naturwissenschaften zu gewinnen. Da, wie ich schon betonte, die Feststellung der **Erkenntnismethoden** sofort zu den **Erkenntnisgrundlagen** als den Ausgangspunkten oder Fundamenten der Methoden hinführt, werden wir diese und jene gleich im Zusammenhang betrachten.

Die allgemeine Methode aller Naturwissenschaften, wie überhaupt der Partialrealwissenschaften, ist, wie nur selten bestritten wird, das **empirisch-induktive Forschungsverfahren**. Dieses geht aus von der elementaren Erfahrung, der **schlichten Wahrnehmung**, der einzigen Erkenntnisgrundlage, durch die wir ursprünglich und unmittelbar Wirkliches zu erfassen vermögen[1].

---

[1] Hierzu und zum Folgenden vgl. E. Becher, Geisteswissenschaften und Naturwissenschaften. S. 214ff. Ders., Erkenntnistheorie und Metaphysik. I, III. Ders., Einführung in die Philosophie. S. 69 ff., 72, 166.

Freilich kann ich nur meine eigenen gegenwärtigen Bewußtseinsinhalte unmittelbar wahrnehmen; jedoch führen mich einige weitere Erkenntnisgrundlagen über dies enge Gebiet der schlichten Wahrnehmungs- oder reinen Erfahrungserkenntnis hinaus. So eröffnet die erkenntnis-grundlegende „Voraussetzung des Erinnerungsvertrauens", das heißt die (nicht sicherbare) Annahme, daß mir die Erinnerung Vergangenes richtig wiederzugeben vermag, meinem Erkennen die Vergangenheit meines eigenen Bewußtseins. Die (ebenfalls nicht-sicherbare) „Gesetzmäßigkeitsvoraussetzung", nach welcher der Wirklichkeit überall Gesetzmäßigkeit eigen ist, und das mit dieser Erkenntnisgrundlage eng zusammenhängende Kausalprinzip ermöglichen mir ein auf meine Erfahrung sich stützendes Schließen, das mich über die Vergangenheit und Gegenwart des eigenen Bewußtseins hinausführt in die Zukunft, in die Außenwelt-an-sich, in fremdes Seelenleben, in die Fernen und Tiefen der Wirklichkeit.

Die empirisch-induktive Methode ist nun eben das von der schlichten Wahrnehmung ausgehende, aber mit Hilfe der angegebenen Voraussetzungen über sie hinausschreitende, auch der Erfahrung Unzugängliches (wie den Bau des Wasserstoffatoms, das Innere der Sonne, das unbewußte Seelische) erschließende Forschungsverfahren. Diese Methode der „Erfahrungswissenschaften" ist nicht rein empirisch; denn sie stützt sich nicht bloß auf die reine Erfahrung, die schlichte Wahrnehmung, sondern auch auf die apriorischen, durch schlichte Wahrnehmung nicht sicherbaren Voraussetzungen des Erinnerungsvertrauens und der Gesetzmäßigkeit alles Wirklichen.

Überdies gebrauchen die empirisch-induktiven Wissenschaften noch andere nicht-empirische Erkenntnisse. So verwenden z. B. die Naturwissenschaften in weitem Umfange mathematische Erkenntnisse, und diese gründen sich nicht auf die Erfahrung, die schlichte Wahrnehmung, sondern auf eine andere Art von Wahrnehmung oder Anschauung, die Soseinswahrnehmung oder Wesensschau[1]. Bei dieser sehen wir vom Dasein des Wahrgenom-

---

[1] E. Becher, Erkenntnistheorie und Metaphysik. I, III, A, 5—8. Ders., Einführung in die Philosophie. S. 72, 75 ff., 82 ff.

menen ab, und wir beachten nur sein „Sosein", sein „Wesen", oder nur gewisse „Seiten" oder „Züge" desselben; und wir erfassen dann, daß gewisse Soseinsarten andere, insbesondere Beziehungen und Gestalten, notwendig mit sich bringen. So erfassen wir z. B. in der geometrischen Anschauung, die eine Art der Soseinswahrnehmung ist, weil sie vom Dasein der geometrischen Gegenstände absieht, daß zwei sich schneidende Geraden notwendig vier Winkel zwischen sich haben oder mit sich bringen; in arithmetischer Soseinswahrnehmung erfassen wir z. B. an Kugeln der Rechenmaschine, daß die Summen $6 + 1$ und $4 + 3$ notwendig Gleichheit als zwischen ihnen bestehende Beziehung mit sich bringen.

Da die Soseinswahrnehmung vom Dasein der Objekte absieht und nur ihr Sosein erfaßt, kann sie auch nur Soseins- oder Idealurteile sicherstellen, das heißt Urteile, die nur von Sosein handeln, ohne sich um dessen Wirklichsein zu kümmern. Beispiele solcher durch Soseinswahrnehmung gesicherten Soseins- oder Idealurteile sind: Rot und Orange sind ähnlich; das Ganze ist größer als sein Teil; die Summe ist unabhängig von der Reihenfolge der Summanden. Bei diesen Urteilen kommt es gar nicht auf das Dasein, die Wirklichkeit des Rot und Orange, des Ganzen und seines Teiles, der Summe usw. an, sondern nur auf ihr Sosein oder Wesen; nur von diesem handeln die Soseins- oder Idealurteile. Die ganze reine Mathematik enthält nur Soseins- oder Idealurteile, ist eine Idealwissenschaft, da sie sich um die reale Existenz ihrer Objekte nicht kümmert. Darum können ihr auch Soseinswahrnehmungsurteile als Erkenntnisgrundlagen dienen.

Was aber von Sosein notwendig gilt, das muß von ihm auch gelten, wenn es wirklich ist. Sind z. B. das Sosein Rot und das Sosein Orange ähnlich, so müssen auch wirkliches Rot und wirkliches Orange ähnlich sein; ist $2 + 3 = 5$, so müssen auch 2 wirkliche Äpfel $+ 3$ wirkliche Äpfel $= 5$ wirklichen Äpfeln sein. So sind also zahllose Soseinsurteile auf Wirkliches anwendbar. Darum ist auch die Mathematik auf die Realgegenstände der Naturwissenschaften anwendbar. So können überhaupt in den Erfahrungswissenschaften, die Realgegenstände nach empirisch-induktiver Methode erforschen, auf diese Gegenstände auch Soseins- oder Idealurteile Anwendung finden, die durch Soseinswahrnehmung gesichert sind oder aus durch Soseinswahrnehmung gesicherten Urteilen erschlossen wurden.

Die Rolle, welche die nicht-empirische, auf Soseinswahrnehmung beruhende Idealerkenntnis in den Realwissenschaften spielt, ist vielfach übersehen worden und überhaupt noch nicht völlig geklärt. Daß diese Rolle eine sehr bedeutsame sein kann, ersieht man aber aus der überaus wirksamen Hilfe, welche die auf Soseinswahrnehmung beruhende Mathematik der Physik leistet.

Wie die empirisch-induktiven Wissenschaften und unter ihnen die Naturwissenschaften neben den rein empirischen Erkenntnisgrundlagen, den durch schlichte Wahrnehmung gesicherten Urteilen, auch nicht-empirische Erkenntnisgrundlagen brauchen, so verwenden sie **neben dem induktiven auch das deduktive Schließen**. Nachdem z. B. durch Induktion die Gesetze der Lichtbrechung und -zerstreuung gewonnen waren, konnten aus ihnen viele Gesetze der Linsen-, Fernrohr-, Mikroskopwirkungen usw. deduktiv erschlossen werden.

Deduktives Schließen findet in den empirisch-induktiven Wissenschaften auch Anwendung bei der Aufstellung und Prüfung von Hypothesen. Diese stellen Annahmen über irgend etwas Wirkliches dar, die nicht gesichert, aber durch Tatsachen nahegelegt bzw. mehr oder weniger wahrscheinlich gemacht sind, und aus denen wir irgendwelche Tatsachen deduktiv ableiten und dadurch verständlich machen oder erklären können und wollen. So können wir z. B. aus der Undulationshypothese des Lichtes, aus der Annahme, daß das Licht ein schwingungs- und wellenartiger Vorgang ist, die Tatsachen der Reflexion, Refraktion, Interferenz und Diffraktion deduktiv ableiten und erklären. Bei der Aufstellung von Hypothesen sind also solche Annahmen zu suchen, aus denen die zu erklärenden Tatsachen deduktiv erschlossen werden können. Zur Prüfung von Hypothesen deduziert man Konsequenzen aus ihnen, die dann mit einschlägigen Tatsachen verglichen werden. Bestätigen sich die Konsequenzen in den Tatsachen, stimmen jene mit diesen überein, so wird dadurch die Hypothese mehr oder weniger wahrscheinlich gemacht und eventuell zu einer gesicherten Erkenntnis erhoben.

Die Hypothesen sind unentbehrliche Bestandteile der Partialrealwissenschaften, der Geistes- wie der Naturwissenschaften; sie gewähren unserem Erkenntnisstreben in weiten Gebieten, in denen sicheres Wissen unerreichbar ist, wenigstens einige Befriedigung durch mehr oder weniger wahrscheinliche Annahmen; sie erklären uns zahllose Tatsachen, die uns ohne Hypothesen ganz unerklärlich bleiben würden; sie sind vielfach Vorstufen wohlbegründeter Erkenntnisse.

Als Ergebnis unserer Betrachtungen über die Methoden und Erkenntnisgrundlagen der Naturwissenschaften können wir zusammenfassend folgendes feststellen: Die allgemeine Methode dieser Wissenschaften ist die empirisch-induktive, die sich auf schlichte Wahrnehmungserkenntnisse und auf die Voraussetzungen des Erinnerungsvertrauens und der Gesetzmäßigkeit alles Wirklichen als auf ihre letzten Erkenntnisgrundlagen stützt. Die Naturwissenschaften verwenden aber auch Erkenntnisse, welche auf durch Soseinswahrnehmung gesicherten Idealurteilen als letzten Erkenntnisgrundlagen beruhen und darum nicht-empirischen Charakter tragen; sie wenden ja z. B. mathematische Idealurteile in weitem Umfange an. Die empirisch-induktive Methode läßt auch vielfache Anwendung des deduktiven Schließens in den Naturwissenschaften zu. Endlich stellt die Hypothese ein unentbehrliches Hilfsmittel und Ergebnis des naturwissenschaftlichen Forschens dar. —

Wir versuchen nunmehr, die Methode oder Methoden der Metaphysik und ihre Erkenntnisgrundlagen festzustellen[1], um sie mit der Methode und den Erkenntnisgrundlagen der Naturwissenschaften zu vergleichen.

Da sich das von der Metaphysik zu erforschende Gesamtwirkliche weit über die Grenzen unserer Erfahrung hinaus erstreckt, konnte leicht die Meinung entstehen, daß Empirie als Erkenntnismittel, als Methode, in der Metaphysik nicht in Betracht kommen könne. In der neueren Philosophie herrschte in der Tat bis zur Zeit Fechners die Überzeugung, daß die Metaphysik mit nicht-empirischer, mit apriorischer Methode arbeiten müsse.

---

[1] E. Becher, Geisteswissenschaften und Naturwissenschaften. S. 323 ff. Ders., Erkenntnistheorie und Metaphysik. II, I, 2. Ders., Einführung in die Philosophie. S. 165 ff.

Doch hat sich keines von den großartigen metaphysischen Systemen als haltbar erwiesen, die von den dem apriorischen Verfahren huldigenden Philosophen aufgebaut worden sind. Das spricht nicht gerade für diese Methode. Überdies ist leicht festzustellen, daß die vermeintlich nach rein apriorischen Verfahren konstruierten Systembauten in Wahrheit nur unter Verwendung von Erfahrungsergebnissen errichtet werden konnten.

Ohne Erfahrung kommen wir ja gar nicht an die Wirklichkeit heran. Nur durch reine Erfahrung, das heißt durch schlichte Wahrnehmung, können wir ursprünglich und unmittelbar Wirkliches erfassen, wie oben schon zu betonen war. Darum wird sich auch die Metaphysik als Gesamtwirklichkeitswissenschaft wie alle Teilwirklichkeitswissenschaften, seien sie nun Geistes- oder Naturwissenschaften, zuletzt auf die reine Erfahrung, auf die schlichte Wahrnehmung, als Erkenntnisgrundlage stützen müssen. Ohne diese käme sie überhaupt nicht in Berührung mit dem Wirklichen.

Da man nun nur seine eigenen gegenwärtigen Bewußtseinstatsachen unmittelbar wahrnehmen kann, wird sich auch die Metaphysik ebenso wie die Einzelrealwissenschaften, die Geistes- und die Naturwissenschaften, der oben erwähnten grundlegenden Voraussetzungen bedienen, die über jenes enge Ausgangsgebiet des Realerkennens hinauszuführen vermögen. Sie wird sich auf die Voraussetzung des Erinnerungsvertrauens sowie auf die Gesetzmäßigkeitsvoraussetzung (und das auf diese sich gründende speziellere Kausalprinzip) stützen, um über das eigene gegenwärtige Bewußtsein des Metaphysikers hinauszukommen, um einzudringen in Vergangenheit und Zukunft, in Außenwelt-an-sich und fremdes Seelenleben, in die Fernen und Tiefen der Gesamtwirklichkeit. Kurz, die Metaphysik wird sich ebenso wie die Naturwissenschaften, wie alle Partialrealwissenschaften, der **empirisch-induktiven Methode** zu bedienen haben; denn diese ist das Forschungsverfahren, das sich auf **schlichte Wahrnehmungserkenntnisse**, **Voraussetzung des Erinnerungsvertrauens** und **Gesetzmäßigkeitsvoraussetzung als Erkenntnisgrundlagen** stützt.

Die empirisch-induktive Methode ist der Natur der Sache nach das gegebene Forschungsverfahren aller „Realwissenschaften", das heißt aller Wissenschaften von wirklichen Gegenständen, also auch der Gesamtwirklichkeitswissenschaft, der Metaphysik. Die Teilwirklichkeitswissenschaften, die Geistes- und die Naturwissenschaften, verwenden diese Methode mit bestem Erfolge; so erhoffen wir auch in der Metaphysik von ihr einen stetigen Erkenntnisfortschritt.

Es liegt allerdings der Einwand nahe, das empirisch-induktive Verfahren reiche nicht weit genug, um zur Erforschung des Gesamtwirklichen dienen zu können; es eigne sich daher nicht für die Metaphysik.

Nun können jedoch, wie am Beispiel der Naturwissenschaft ersichtlich ist, der empirisch-induktiven Methode in zeitlicher und räumlicher Hinsicht keine Schranken gezogen werden. Die Anwendung dieses Verfahrens nur bis zu soundso vielen Milliarden Jahren rückwärts und vorwärts oder bis zu soundso vielen Siriusweiten gestatten zu wollen und nicht darüber hinaus, wäre ganz willkürlich. Die Naturforschung nimmt an, daß die großen Naturgesetze, z. B. das Energieerhaltungsprinzip und Newtons Gravitationsgesetz, bis in die fernsten zeitlichen und räumlichen Fernen des Weltalls gelten, und sie setzt damit voraus, daß die empirisch induktive Methode, die zur Erkenntnis dieser Gesetze geführt hat, so weit Anwendung finden darf, wie die gesamte Naturwirklichkeit reicht. Demnach wird auch wohl der Metaphysiker annehmen dürfen, daß dieser Methode in räumlicher und zeitlicher Hinsicht keine prinzipiellen Grenzen gesteckt sind.

Wir können auch der durch Humesche und Kantsche Lehren nahegelegten Meinung nicht zustimmen, daß die Voraussetzungen der empirisch-induktiven Methode, insbesondere die Gesetzmäßigkeitsvoraussetzung und das Kausalprinzip, nur im Gebiete der Erfahrung oder der „möglichen Erfahrung" berechtigt seien, nicht aber über deren Grenzen hinaus. Sind wir ja doch immer immer wieder gezwungen, auf empirisch-induktivem Wege, also mit Hilfe der Gesetzmäßigkeitsvoraussetzung, die Grenzen der Erfahrung zu überschreiten und Zukünftiges zu erschließen, um für künftige Tage zu sorgen; unsere Erfahrung ist ja eingeschränkt auf unser eigenes vergangenes und gegenwärtiges Bewußtsein. Auch die Natur- und die Geisteswissenschaften überschreiten immerfort mit Hilfe der Gesetzmäßigkeitsvoraussetzung und des Kausalprinzips, auf empirisch-induktivem Wege, erfolgreich die Grenzen der Erfahrung, auch der möglichen Erfahrung. Die Entstehung unseres Planetensystems, das Innere des Sonnenkernes, der Bau des Wasserstoffatoms, das Seelenleben des Schimpansen, das Unbewußte in unserer eigenen Seele liegen jenseits unserer Erfahrung und der für uns Menschen möglichen Erfahrung, und doch sind auf alles dies die Gesetzmäßigkeitsvoraussetzung, das Kausalprinzip und die empirisch-induktive Methode mit Erfolg anwendbar. Diese sind also nicht auf unsere Erfahrung oder auf die für uns mögliche Erfahrung einzuschränken.

Nun meint man wohl, die Dinge-an-sich lägen in einem noch radikaleren Sinne jenseits der Grenzen möglicher Erfahrung als die oben angeführten Gegenstände. Diese, z. B. das Sonneninnere, seien zwar faktisch unserer Erfahrung, unserer Wahrnehmung unzugänglich; prinzipiell jedoch handele es sich hier um Wahrnehmbares. Hingegen die Dinge-an-sich seien prinzipiell unwahrnehmbar, unerfahrbar. **Auf das Prinzipiell-Unerfahrbare, auf die Dinge-an-sich seien Gesetzmäßigkeitsvoraussetzung, Kausalprinzip und empirisch-induktive Methode nicht anwendbar.**

Diesem Einwand kann man zunächst entgegenhalten, daß die prinzipielle Unwahrnehmbarkeit der Dinge-an-sich keineswegs feststeht. Vielleicht sind sie seelische Wesen, die sich selbst wahrnehmen, ähnlich wie wir als seelische Wesen uns selbst wahrnehmen; vielleicht nimmt ein allumfassendes, ein göttliches Bewußtsein alle Objekte, die für uns unerfahrbare Dinge-an-sich sind, unmittelbar wahr.

Jedenfalls aber ist es willkürlich und unkonsequent, wenn man Gesetzmäßigkeitsvoraussetzung, Kausalprinzip und empirisch-induktive Methode nicht auf Dinge-an-sich anwenden will. Man braucht diese Voraussetzungen und diese Methode, um über die eigene Erfahrung, über das eigene vergangene und gegenwärtige Bewußtsein hinauszukommen, um weitere Wirklichkeitsgebiete, wie die Zukunft des eigenen Bewußtseins und das Fremdseelische, zu erschließen. Die Gesetzmäßigkeitsvoraussetzung und das Kausalprinzip, welche die Annahme von zukünftigen Inhalten unseres Bewußtseins und von Fremdseelischem fordern, fordern aber auch die Anerkennung von der gleichen Voraussetzung und dem gleichen Prinzip gehorchenden Dingen-an-sich; ohne diese kann man Gesetzmäßigkeitsvoraussetzung und Kausalprinzip nicht konsequent durchführen. Darum erscheint es willkürlich und unkonsequent, der Gesetzmäßigkeitsvoraussetzung und dem Kausalprinzip folgend zwar die Zukunft des eigenen Bewußtseins und das Fremdseelische empirisch-induktiv zu erschließen, nicht aber Dinge-an-sich zu erschließen, die der Gesetzmäßigkeitsvoraussetzung und dem Kausalprinzip entsprechen[1]. Wenn man der Gesetzmäßigkeitsvoraussetzung folgt, um über die engen Grenzen der eigenen Erfahrung, des eigenen vergangenen und gegenwärtigen Bewußtseins hinauszukommen, dann sollte man sie auch konsequenterweise voll und ganz anerkennen und ihr weiterhin folgend Dinge-an-sich annehmen, welche, ihr gehorchend, die Welt unserer Bewußtseine zu einer streng gesetzmäßigen Gesamtwirklichkeit ergänzen.

Die Annahme einer Welt von Dingen-an-sich, die der Gesetzmäßigkeitsvoraussetzung und dem Kausalprinzip entsprechen und darum nach empirisch-induktiver Methode zu erforschen sind, bewährt sich aufs beste in der Erklärung und Voraussage der Sinneswahrnehmungsbilder. Diese treten durchweg so auf, als ob sie durch der Gesetzmäßigkeitsvoraussetzung und dem Kausalprinzip gehorchende Dinge-an-sich hervorgerufen würden. Leugnet man solche Dinge-an-sich, so wird jene Art und Weise des Auftretens der Sinneswahrnehmungsbilder völlig rätselhaft. Darum müssen wir wohl daran festhalten, daß es eine Welt von Dingen-an-sich gibt, die der Gesetzmäßigkeitsvoraussetzung und dem Kausalprinzip gehorchen und diesen entsprechend unsere Sinneswahrnehmungsbilder hervorrufen. Dann sind aber solche Dinge-an-sich auch von den Sinneswahrnehmungen aus mit Hilfe der Gesetzmäßigkeitsvoraussetzung und des Kausalprinzips, also mit empirisch-induktiver Methode, erkennbar. Die Meinung, diese Methode eigne sich nicht für die Metaphysik, weil sie nicht zu Erkenntnis von Dingen-an-sich gelange, ist also nicht haltbar.

---

[1] Logisch setzt sogar das empirisch-induktive (analogische) Erschließen des Fremdseelischen die realistische Annahme von Dingen-an-sich voraus, die der Gesetzmäßigkeitsvoraussetzung entsprechen. Vgl. Chr. v. Ehrenfels, Kosmogonie. Jena 1916. S. 164. E. Becher, Geisteswissenschaften und Naturwissenschaften. S. 292.

Zuzugeben ist allerdings, daß die von den Sinneswahrnehmungen ausgehende empirisch-induktive Forschung, wie sie in den Naturwissenschaften geübt wird, nicht zur Erkenntnis des inneren Wesens der Außenweltsdinge-an-sich, etwa der Atomkerne-an-sich und Elektronen-an-sich gelangt. Wenn aber der Metaphysiker vermutet, daß das innere Wesen der Außenweltsobjekte-an-sich dem Wesen unseres bewußten Seelischen oder etwa unseres Willens gleich oder doch ähnlich sei, so vollzieht er einen Analogieschluß von dem unserer unmittelbaren Erfahrung, unserer Selbstwahrnehmung, zugänglichen bewußt-seelischen Wirklichen auf das Außenweltswirkliche-an-sich, also einen Schluß, der gleichfalls in den Rahmen der empirisch-induktiven Methode gehört.

Bei unserer Feststellung der Methoden und Erkenntnisgrundlagen der Naturwissenschaften fanden wir neben der reinen Erfahrung oder schlichten Wahrnehmung als ein weiteres wichtiges Erkenntnisfundament die Soseinswahrnehmung. Ursprünglich sichert diese freilich nur Soseins- oder Idealurteile; doch sind durch Soseinswahrnehmung gesicherte Idealurteile, wie z. B. mathematische Axiome, auf Realgegenstände anwendbar und dadurch auch für die Partialrealwissenschaften, z. B. die Naturwissenschaften, von großer Bedeutung. So können im Prinzip auch in der Metaphysik auf Soseinswahrnehmung beruhende Idealurteile auf Reales Anwendung finden; so kann z. B. das durch Soseinswahrnehmung gesicherte Idealurteil, daß das Ganze größer ist als sein Teil, bei Anwendung auf Reales zu dem metaphysischen Urteil führen, daß das Gesamtwirkliche größer ist als irgendein Wirklichkeitsbestandteil. Allerdings stellt dieser Satz eine Selbstverständlichkeit dar; aber Selbstverständlichkeiten spielen vielfach, z. B. als mathematische Axiome, sehr wichtige wissenschaftliche Rollen. So mag auch die Hilfe, welche auf Soseinswahrnehmung fußende Erkenntnis der empirisch-induktiven Methode in der Metaphysik wie in den Partialrealwissenschaften leisten kann und muß, recht bedeutsam sein.

Angesichts der glänzenden Bewährung der auf Soseinswahrnehmung beruhenden Erkenntnisweise in der reinen Mathematik, in welcher man die empirisch-induktive Methode im Prinzip nicht braucht, liegt der Gedanke nahe, daß vielleicht auch die Metaphysik diese Methode nicht brauche, wenn sie die auf Soseinswahrnehmung beruhende Erkenntnisweise zweckmäßig verwende. Doch wäre diese Vermutung durchaus verfehlt. Soseinswahrnehmung sichert unmittelbar nur Soseins- oder Idealurteile, nicht aber Realurteile, da sie ja nur auf Sosein, nicht aber auf Dasein oder Wirklichkeit gerichtet ist. Die Metaphysik jedoch will Wirkliches, sogar das Gesamtwirkliche erkennen; sie ist eine Realwissenschaft. Wirkliches aber erfassen wir unmittelbar nicht durch Soseinswahrnehmung, sondern allein durch schlichte Wahrnehmung oder reine Erfahrung; und die von dieser ausgehende empirisch-induktive Methode führt uns dann über das der schlichten Wahrnehmung zugängliche Wirkliche hinaus in die Weiten der Gesamtwirklichkeit. Keinesfalls kann also eine auf Soseinswahrnehmung beruhende Erkenntnisweise in der Metaphysik die Erfahrung und die empirisch-induktive Methode entbehrlich machen.

Wie in den Naturwissenschaften das empirisch-induktive Verfahren die Anwendung deduktiver Schlüsse keineswegs ausschließt, sondern sie vielmehr oftmals fordert, so wird selbstverständlich auch die empirisch-induktiv vorgehende Metaphysik das **deduktive Schließen** heranzuziehen haben. Sie wird ebenso wie die Naturwissenschaften aus allgemeinen Ergebnissen deduktiv auf spezielle Fälle schließen. Sie wird etwa, wenn sie zu der („psychovitalistischen") Hypothese gelangt, daß alles Leben in der Welt auf seelischen Faktoren beruht, daraus deduzieren, daß auch wohl die merkwürdigen Lebenserscheinungen der fremddienlichen Zweckmäßigkeit, der selbstlosen Fürsorge eines Organismus für ein fremdes Lebewesen, wie sie bei der Gallenbildung vorliegt, auf seelischen Faktoren beruhen wird.

Dies Beispiel führt uns zu der Rolle, welche die **Hypothese** in der Metaphysik zu spielen berufen ist. Wenn schon die Partialrealwissenschaften, die Teilgebiete der Wirklichkeit erforschen, in weitem Umfange sich der Hypothesenbildung bedienen müssen, um bei ihrem Hinausgehen über die Erfahrung und über die Grenzen des gesicherten Wissens wenigstens zu wahrscheinlichen Ergebnissen zu gelangen, und um sonst unerklärlich bleibende Tatsachen verständlich zu machen, so wird die Metaphysik, die als Wissenschaft vom Gesamtwirklichen in noch weiterem Umfange über die

Erfahrung und das gesicherte Wissen hinaus vordringen muß, erst recht der Hypothesen nicht entraten können.

Wir haben oben bei der vergleichenden Betrachtung der Gegenstände der Naturwissenschaften und der Metaphysik festgestellt, daß sich diese auf große, weitreichende Ergebnisse der Naturwissenschaften, überhaupt der Partialrealwissenschaften stützen kann. Nun sind aber gerade manche weitreichenden, für die Erkenntnis des Gesamtwirklichen, für die Metaphysik bedeutsamen Ergebnisse der Partialrealwissenschaften ausgesprochen hypothetischer Natur, wie z. B. die Atom- und Elektronentheorie, die Quantenannahme, die biologische Entwicklungs- und die Zuchtwahllehre, die Annahme eines unbewußten Seelischen. Mit der Aufnahme und Verwertung solcher natur- und geisteswissenschaftlicher Hypothesen erhält die Metaphysik bereits einen starken hypothetischen Einschlag.

Schon die Geschichte der Metaphysik mit all ihrem Meinungsstreit und ihren Rückschlägen macht offenkundig, daß es ein schwerer Irrtum war, wenn der apriorischen Methode huldigende Philosophen meinten, ganze Systeme streng gesicherter, hypothesenfreier metaphysischer Erkenntnisse aufbauen zu können. Die empirisch-induktiv verfahrende Metaphysik bescheidet sich, hypothetische Ergebnisse zu liefern; sie erhebt nicht den Anspruch, ein absolut gesichertes, endgültig fertiges System bieten zu können. Kann doch nicht einmal die Physik, gewiß eine der erfolgreichsten unter den empirisch-induktiven Wissenschaften, mit einem endgültig abgeschlossenen System aufwarten!

Bei dem nur langsamen und mühevollen Vordringen der von der gewöhnlichen Sinnes- und Selbstwahrnehmung ausgehenden, empirisch-induktiven Forschung wäre es selbstverständlich für die Metaphysik überaus wertvoll, wenn es noch eine andere, höhere Art der Wahrnehmung, eine „Intuition" gäbe, in der wir den innersten Kern oder tiefsten Grund der Wirklichkeit, das An-sich-Seiende, das Absolute unmittelbar und mit voller Sicherheit erfassen könnten. Die in Religion und Philosophie immer wieder auftauchende Überzeugung vom Vorkommen einer solchen Wahrnehmungsart ist durchaus nicht von vornherein abzuweisen; es ist sehr wohl denkbar, daß wir etwa im Innern unserer Seele in unmittelbarem Zusammenhang mit einem überindividuellen geistigen Weltgrunde stehen, und daß wir diesen dort unter geeigneten Umständen unmittelbar wahrnehmen, „intuitiv" erfassen können. Es ist nur eben die Frage, ob die Tatsachen der ekstatischen, mystischen und philosophischen Intuitionserlebnisse die Auffassung der Erlebenden rechtfertigen, daß es sich dabei um ein Wahrnehmen, ein Erfassen des Göttlichen handele, ob nicht vielmehr die vermeintliche Intuition des Göttlichen als eine psychologisch erklärliche Selbsttäuschung aufzufassen ist[1].

Für den Täuschungscharakter solcher Intuitionen läßt sich geltend machen, daß einander widersprechende Lehren sich auf sie berufen. Diesem Bedenken gegenüber wäre aber zu betonen, daß derartige Intuitionen doch auch in sehr wesentlichen Punkten übereinzustimmen pflegen, insbesondere darin, daß das Erschaute etwas unermeßlich Hohes, Herrliches und Beseeligendes ist.

Wir können hier nicht die große, für unser Erkennen und Leben überaus wichtige Frage nach der Echtheit der religiösen und philosophischen Intuition des Weltgrundes oder Absoluten lösen. Vielleicht ist diese Frage überhaupt nicht wissenschaftlich lösbar. Wenn sich aber die Echtheit einer unmittelbaren Wahrnehmung des göttlichen Weltgrundes wissenschaftlich einmal sicherstellen ließe, so würde eine solche Intuition sich in den Rahmen der empirisch-induktiven Erkenntnisweise einfügen. Die Intuition des Göttlichen im Innern der eigenen Seele würde eben eine besondere, sehr tief dringende Art der inneren Wahrnehmung sein. So rechnete ja schon Roger Baco das mystische Schauen zur Erfahrung.

Freilich wird eine Metaphysik, die von dem unerbittlichen Willen zur Wissenschaftlichkeit beseelt ist, jene Intuition des Absoluten erst dann verwerten können, wenn ihre Echtheit wissenschaftlich gesichert oder doch wahrscheinlich gemacht ist. Die Erfahrungen der Philosophiegeschichte, die Widersprüche zwischen den intuitionistischen metaphysischen Systemen geben uns allen Anlaß zu kritischer Zurückhaltung. —

Durch eine eigentümliche Methode versucht Kant die bedeut-

---

[1] Vgl. E. Becher, Geisteswissenschaften und Naturwissenschaften. S. 325 f. J. Geyser, Erkenntnistheorie. Münster i. Westf. 1922. S. 281 f. E. Becher, Einführung in die Philosophie. S. 99 f., 172.

samsten Probleme der Metaphysik zu lösen. Er geht aus von der „praktischen Vernunft", die er in unserem sittlichen Bewußtsein findet, und legt dann dar, daß dieselbe metaphysische Überzeugungen, wie die von der Unsterblichkeit der Seele und der Existenz Gottes, fordere. Damit erscheinen ihm diese Überzeugungen gerechtfertigt.

Diese metaphysische Methode der „Postulate der praktischen Vernunft", welche voraussetzt, daß die Wirklichkeit letzten Endes den Forderungen unseres sittlichen Vernunftbewußtseins entspricht, ist prinzipiell verschieden von einer empirisch-induktiven Methode, die zur Erklärung der Erfahrungstatsachen des sittlichen Bewußtseins metaphysische Hypothesen aufstellt, wie etwa die Physik zur Erklärung kalorischer Erfahrungstatsachen die mechanische Wärmehypothese aufstellt. Die Kantsche Methode der praktischen Postulate argumentiert etwa: das sittliche Vernunftbewußtsein fordert die Existenz Gottes; jenes wäre unvernünftig, wenn Gott nicht existierte; also existiert Gott. Die empirisch-induktive Methode aber argumentiert vielleicht: die Erfahrungstatsache des sittlichen Bewußtseins mit seinen Gewissensgeboten wird nur erklärlich, wenn wir einen sittlichen Gebieter über uns anerkennen; also ist die Hypothese der Existenz eines solchen Gebieters berechtigt.

Gleichfalls auf „praktischem", allerdings wesentlich anderem Wege als Kant versuchen Vertreter des modernen erkenntnistheoretischen Biologismus und Pragmatismus metaphysische Lehren, wie z. B. Nietzsches Annahme von der ewigen Wiederkehr des Weltablaufes, zu begründen. Nach biologistischer, pragmatistischer Lehre erkennt man die Wahrheit einer Überzeugung daran, daß diese das Leben, das leibliche, aber auch das seelisch-geistige, fördert; nach extrem-biologistischer, radikal-pragmatistischer Auffassung besteht geradezu das Wesen der Wahrheit in ihrer lebenfördernden Kraft[1]. Die metaphysischen Überzeugungen z. B., daß ein Gott Welt und Menschenleben lenkt, und daß die Seele nach dem Tode fortlebt und für ihre Lebensführung verantwortlich bleibt, wären also als wahr zu betrachten, wenn sie unser Leben fördern.

---

[1] Vgl. etwa W. James, Pragmatism. New York 1907. Pragmatismus, deutsch von W. Jerusalem. Leipzig 1908. W. James, The meaning of truth. A sequal to „Pragmatism". London 1909. E. Becher, Geisteswissenschaften und Naturwissenschaften. S. 54.

Weder die Kantsche noch die biologistisch-pragmatistische Methode der Metaphysik erscheinen recht befriedigend. Wer bürgt uns denn von vornherein dafür, daß die Wirklichkeit den Forderungen der „praktischen Vernunft" entspricht; wer gibt uns die Gewähr, daß die lebenfördernden Überzeugungen nicht nützliche Irrtümer oder Halbwahrheiten, sondern volle, echte Wahrheiten sind? Könnte nicht z. B. der Optimismus eine lebenfördernde Kraft entfalten, auch wenn er objektiv falsch wäre?

Allerdings dürfen wir bei der Kritik der Kantschen und der biologistisch-pragmatistischen Methode der Metaphysik nicht vergessen, daß sich auch die empirisch-induktive Methode auf nichtsicherbare Erkenntnisgrundlagen stützen muß, nämlich auf die wiederholt erwähnten Voraussetzungen des Erinnerungsvertrauens und der Gesetzmäßigkeit des Wirklichen[1]. Wir nehmen diese Voraussetzungen hin, weil sie unentbehrlich für uns, für unser Wirklichkeitserkennen und Leben sind; dürfen wir im Hinblick darauf nicht auch andere Überzeugungen hinnehmen, weil sie für unser Leben, insbesondere etwa für unser sittliches Leben, unentbehrlich sind? Freilich wird man nicht leicht einwandfrei feststellen können, welchen Überzeugungen der Charakter von unentbehrlichen Voraussetzungen oder Postulaten des sittlichen Lebens zukommt.

Nach allen unseren Betrachtungen erscheint doch **das empirisch-induktive Forschungsverfahren am ehesten geeignet, der Metaphysik als wissenschaftliche Methode zu dienen.** —

Wir sind nun nicht der Meinung, mit unseren Darlegungen das Problem der Methoden der Metaphysik erschöpft zu haben. Bisher haben wir noch nicht berücksichtigt, daß diese bei ihrer Betrachtung des Gesamtwirklichen auch den Gesichtspunkt des Wertes zur Geltung bringt. So ergibt sich eine **wertende Metaphysik**, in welche die das religiöse Bewußtsein tief bewegenden Fragen hineingehören, ob die Welt oder auch das Gesamtwirkliche vorwiegend gut oder schlecht sei, wie neben dem Guten das Schlimme: Qual und Sünde, Irrtum und Unzweckmäßigkeit, in

---

[1] E. Becher, Naturphilosophie. S. 80 ff. Ders., Geisteswissenschaften und Naturwissenschaften. S. 222 ff. Ders., Erkenntnistheorie und Metaphysik. I, III, B. Ders., Einführung in die Philosophie. S. 104 ff., 113 ff.

die Welt gekommen seien, ob die Ursache oder der Urgrund der unvollkommenen Welt vollkommen oder doch gut sein könne, ob es neben dem Urquell des Guten einen besonderen, ewigen Urquell des Bösen gebe, ob das Gute in der Welt schließlich zum völligen Siege gelangen und alles Schlimme austilgen werde, ob es eine sittliche Weltordnung, eine ausgleichende Weltgerechtigkeit gebe, usw. Die Behandlung solcher Wertfragen, die wertende Metaphysik, setzt richtige Wertmaßstäbe voraus, die von der Werttheorie zu liefern wären. Und so würde die wertende Metaphysik sich indirekt auch auf jene Methoden stützen, die in der Werttheorie solche Wertmaßstäbe liefern sollen.

Wir können hier auf die Frage nach den Methoden der Werttheorie nicht eingehen. Doch möchten wir darauf hinweisen, daß auch bei Problemen der wertenden Metaphysik die empirisch-induktive Methode sehr in Betracht kommt. Wenn es sich z. B. um die Frage handelt, wie Unvollkommenheit und Unzweckmäßigkeit in die Welt kommen, so geben biologische und psychologische Erfahrungen über Unvollkommenheiten und Unzweckmäßigkeiten im Reiche des Organischen und des Seelischen wertvolle Fingerzeige für die Hypothesenbildung; für eine empirisch-induktive Behandlung des Problems der Herkunft von Qual, Irrtum und Sünde gibt die psychologische Erfahrung wichtige Ansatzpunkte.

Fassen wir zusammen! Wie in bezug auf die Gegenstände, so stehen Naturwissenschaften und Metaphysik auch in bezug auf Methoden und Erkenntnisgrundlagen in engstem Zusammenhang. Die zu erforschenden Gegenstände sind eben maßgebend für die Forschungsmethoden und die Erkenntnisgrundlagen. Wie die Naturwissenschaften, so braucht die Metaphysik die **empirisch-induktive Methode**; diese nimmt wie in den Naturwissenschaften so auch in der Metaphysik durch **Soseinswahrnehmung gesicherte Idealurteile und deduktives Schließen** zu Hilfe, und sie muß hier wie dort in weitem Umfange zur Hypothesenbildung greifen. Dabei kann sich die metaphysische Hypothesenbildung öfters auf naturwissenschaftliche Ergebnisse und Hypothesen stützen, aber auch umgekehrt zuweilen diese vorbereiten.

Die letzten Erkenntnisgrundlagen der empirisch-induktiven Methode: die schlichte Wahrnehmung sowie die Voraussetzungen des Erinnerungsvertrauens und der Gesetzmäßigkeit des Wirklichen, sind der Metaphysik und den Naturwissenschaften gemeinsam. Allerdings kommt für die Naturwissenschaften speziell die schlichte Wahrnehmung des sinnlichen Teilbereiches des im Bewußtsein Gegebenen, für die dem Gesamtwirklichen zugewandte Metaphysik die schlichte Wahrnehmung von allem im Bewußtsein Gegebenen als grundlegend in Betracht. Beide, Naturwissenschaften und Metaphysik, stützen sich auch auf Soseinswahrnehmungserkenntnis, die also nicht nur für Idealwissenschaften, für die mathematischen Disziplinen usw., sondern auch für die Wissenschaften vom Wirklichen als Erkenntnisgrundlage dient.

\* \* \*

Nach ihren Gegenständen, Methoden und Erkenntnisgrundlagen, also nach ihren wesentlichen Seiten, gehören Naturwissenschaften und Metaphysik, überhaupt Partialrealwissenschaften und Gesamtrealwissenschaft eng zusammen. Die Metaphysik, die Totalrealwissenschaft, übergreift und krönt die beiden Gruppen der Partialrealwissenschaften, die Geistes- und die Naturwissenschaften, indem sie deren Gegenstände im Gesamtwirklichen zusammenfaßt, deren Methoden und Erkenntnisgrundlagen übernimmt und auf deren Ergebnisse sich stützt.

In Übereinstimmung mit diesem Gesamtergebnis unserer wissenschaftstheoretischen Betrachtungen zeigt ja auch die Geschichte der Metaphysik und der Naturwissenschaften, daß diese und jene seit Beginn der Philosophie und Wissenschaft in enger Verbindung stehen, und daß die Metaphysik sich vielfach auf naturwissenschaftliche Ergebnisse gestützt, aber auch den Naturwissenschaften manche wertvollen Anregungen gegeben hat. Nicht feindselige Trennung, sondern anregende und fördernde nachbarliche Freundschaft erscheint nach alledem als das sachgemäße Verhältnis zwischen Metaphysik und Naturwissenschaften.

Printed by Libri Plureos GmbH
in Hamburg, Germany